人生を決定づける「この世界の残酷なルール」100

29歳までに知っておきたかった100の言葉

千田琢哉
Takuya Senda

清談社
Publico

Prologue

000

20代だけが
楽しいなんて嘘《うそ》だ。
30歳以降は
もっと楽しくなる。

人生は、後半になればなるほど楽しくなるようにできている。
最悪なのは、中学受験でピークを迎えて、
それ以降は坂道を転がり落ち続ける人生だ。
20代程度の楽しさで満足しなければ、30歳以降はもっと楽しい。
現在の私の悩み事は100歳の楽しさに、
自分の心身が耐え得るかどうかということだ。

2024年4月吉日　南青山《みなみあおやま》の書斎から
千田琢哉《せんだたくや》

CONTENTS

29歳までに知っておきたかった100の言葉

人生を決定づける「この世界の残酷なルール」100

Prologue

Part 1

LOVE

29歳までに知っておきたかった「恋愛のルール」

Part

2

BUSINESS

29歳までに知っておきたかった「仕事のルール」

Part
3
STUDY

29歳までに知っておきたかった「勉強のルール」

Part

4

MONEY

29歳までに知っておきたかった「お金のルール」

Part
5
FRIENDSHIP

29歳までに知っておきたかった「友情のルール」

Part
6
CAREER

29歳までに知っておきたかった「転職のルール」

Part 7

SUCCESS

29歳までに知っておきたかった「成功のルール」

Part

8

INFORMATION

29歳までに知っておきたかった「情報のルール」

Part 9

HEALTH

29歳までに知っておきたかった「健康のルール」

Part 10

LIFE

29歳までに知っておきたかった「人生のルール」

Part 1

29歳までに知っておきたかった
「恋愛のルール」

LOVE

001

29歳までに
知っておきたかった
「恋愛のルール」

自分は〝上《じょう》の下《げ》〟と思っている人は、傍《はた》から見たら〝下《げ》の中《ちゅう》〟。

人は自分の過大評価と他人の過小評価の狭間《はざま》で生きている。
そして、多くの人は自分のことを〝上の下〟だと思い込んでプライドを保つ。
この際、ハッキリさせておこう。
自分で自分のことを〝上の下〟だと思い込んでいる人は〝下の中〟である。
少なくとも、傍から見たら100％そうなのだ。

002

29歳までに
知っておきたかった
「恋愛のルール」

有名人の不倫報道に
興奮するのは、
自分が妥協の恋を
しているから。

なぜ、不倫報道があそこまでイベント化されてしまっているのか。
それは大衆が善悪を持ち出すことで、格上の人々をこき下ろせるからである。
ルサンチマン（弱者の強者に対する嫉妬、復讐心《ふくしゅうしん》）が炸裂《さくれつ》するのだ。
この世の大半が非モテのモブ男君とモブ子ちゃんである以上、
不倫報道は不滅だ。
あと、自分が妥協の恋や結婚をしてしまっている大衆も
不倫報道に興奮しやすい。

003

29歳までに
知っておきたかった
「恋愛のルール」

25歳までに一度も
誘われたことがない人は、
〝醜い〟ということ。

「モテない理由は〝醜い〟からではない」というのは嘘である。
魅力的なら、放っておいても25歳までに何度も誘われるはずだ。
男女問わず25歳までに一度も誘われたことがない人は、〝醜い〟のである。
この事実を受容しないと、一生恋愛ができないままで寿命が尽きるだろう。
〝醜い〟人は、美しくなくても恋愛できている人たちから学べばいい。

004

29歳までに
知っておきたかった
「恋愛のルール」

セックスは
2度目からしか
カウントできない。

いつもセックスをすると、
2度目がないまま関係が途切れてしまう人は不潔なのだ。
つまり、病気でもないのに性器が臭いか、
体臭か口臭に問題があることが多い。
臭いものには関わってはいけないという自然の摂理である。
清潔でさえあれば、惚《ほ》れた相手とは何度でもセックスしたくなるものだ。
すべての人類にとって、1度目のセックスは〝お試し〟だと考えていい。

005

29歳までに
知っておきたかった
「恋愛のルール」

運命の相手は、とってもスムーズ。

無理に口説き落としても、ダメなものはダメだ。
本当に運命の相手なら、とってもスムーズだから。
食事をするようにセックスし、セックスするように食事をする。
結局、男女の関係は、ないものねだり。
自分にないものを持っている相手に惚れ、
遺伝子の凸凹を埋め合わせようとする。

006

29歳までに
知っておきたかった
「恋愛のルール」

遠くのセックスより、近くのセックス。

遠距離恋愛が継続できるのは、非モテ同士である。
多少なりともモテる人であれば、
新天地でも好きだと言って誰かが寄ってくるものだ。
それを断固拒否できるのは、極度の人間嫌いくらいだろう。
普通の人類は遠くのセックスより、近くのセックスに走るものだ。
それが善悪を超越した自然の摂理なのだから。

007

29歳までに
知っておきたかった
「恋愛のルール」

港《みなと》区在住男子にとって、港区女子は圏外の女たち。

私も東京・港区南青山に十数年間住んでいるが、
港区女子とは会ったこともない。
私の周囲にいる100人の港区在住男子に訊《き》いても、同じ答えが返ってくる。
率直に申し上げて、港区女子は港区在住男子にとって、圏外の女たちなのだ。
かつて売春のことを〝援助交際〟と呼んでいたあの頃を彷彿《ほうふつ》させる。
自分の貴重な遺伝子を、圏外の港区女子如《ごと》きには委ねられないということだ。

008

29歳までに
知っておきたかった
「恋愛のルール」

モテない人ほど、相手を支配したがる。

男女問わず放っておくと、つい相手を支配したがる人がいる。
それは自分が非モテだから、王様と奴隷の関係を築こうとしているのだ。
王様と奴隷の関係にしておけば、
魅力のない自分でも〝愛される疑似体験〟ができる。
自分の希望を全部聞いてくれるのが、愛されることだと勘違いしているのだ。
奴隷と思っていた相手が従わなくなった時、
ブスッとやってしまう事件は多い。

009

29歳までに
知っておきたかった
「恋愛のルール」

人は長所で自滅する。

「俺は東大卒で年収1000万円なのに……」

「私は美人でスタイルもいいのに……」

ついカッとなって、こんなことを言ってしまうと、
もうそれが別れの決定打になる。

人は最初に長所でモテるが、最後は長所によって自滅するのだ。

モンゴル帝国も恐竜も、巨大さが仇《あだ》となって滅んだのである。

010

29歳までに
知っておきたかった
「恋愛のルール」

最後は、知性。

本人がどう思っているかは別として、
20代で美男・美女でも50歳以降に〝醜く〟なる。
不摂生を絵に描いたような男性もいるし、
ヒステリックさが外面に表れる女性もいる。
もはや、これは自然の摂理だから避けられない。
最後に相手を愛せる頼みの綱は、我々人類が誇る知性しかないのだ。
仮面夫婦や熟年離婚の原因の真因は、知性の不一致である。

Part 2

29歳までに知っておきたかった
「仕事のルール」

BUSINESS

011

29歳までに
知っておきたかった
「仕事のルール」

「あんなの枕営業よ！」

を翻訳すると、

「魅力的で羨ましい！」

かつて私が経営コンサルタントをしていた頃、
大勢の生命保険販売員と面談をした。
彼女たちは異口同音に一番売れている販売員のことを、
こう蔑んでいたものだ。
「あんなの枕営業よ!」
実際に一番売れている販売員たちと会ってみると、
彼女たちの誰もが魅力的だった。
両者の差は、宇宙の拡張現象の如く広がり続けるのだろう。

012

29歳までに
知っておきたかった
「仕事のルール」

「アイツ、
学歴だけじゃないか！」
を翻訳すると、
「頭が良くて羨ましい！」

基本的に早慶《そうけい》旧帝大未満の学歴で終わった男性は、
100%学歴コンプレックスがある。
学歴コンプレックスは、
東証プライム上場企業の社長や総理大臣になっても拭えない。
だから低学歴オヤジは高学歴の若者を見ると、
つい脊髄反射でこう言ってしまう。
「アイツ、学歴だけじゃないか!」
羨ましくて死にそうだから、そう叫ぶことで脈を整えているのだ。

013

29歳までに
知っておきたかった
「仕事のルール」

言い訳の達人は、40代以降で梯子《はしご》を外される。

あなたの周囲にも言い訳の達人がいるだろう。
言い訳の達人は饒舌《じょうぜつ》を武器に出世しやすいから、
羨ましいと思うかもしれない。
私の知る限り、そうした連中は
40代以降で梯子を外されて再起不能になっていた。
ちょうど経営陣の仲間入りを果たすか否かの分岐点で
干されるパターンが多い。
見ている人は見ているということだ。

014

29歳までに
知っておきたかった
「仕事のルール」

上に依怙贔屓《えこひいき》されて
出世した人は、
40代以降で干される。

無能で勤勉な人は概して出世しやすい。
私が属していた組織でも、
その種のオヤジが老害となって組織に跋扈《ばっこ》していた。
なぜ、彼らが出世できたのかと言えば、上に依怙贔屓されたからである。
ところが、そうした連中は40代以降で突如干された。
依怙贔屓して引っ張り上げたお年寄りたちが、
定年でいなくなってしまったからだ。

話せて書ければ、どこへ行っても生きていける。

この世で最強のスキルとは何か。
ＩＴでも英語でも会計でもない。
話せて書ける力だ。
話せる力と書ける力が卓越していれば、
ＩＴ・英語・会計は誰かに手伝ってもらえる。
換言すれば、話せないし書けない人は、
難関資格試験を取得してサポートしよう。

016

一流のプロになりたければ、20代のうちに才能の片鱗《へんりん》を見せておく。

もし、あなたが将来、一流のプロになりたければ、どうすればいいのか。
それは20代のうちに才能の片鱗を見せて、
35歳までに花火を打ち上げることだ。
35歳までに業界に狼煙《のろし》を上げれば、世間は放っておかない。
そのチャンスをもらうためには、29歳までに「こいつは違う」と思わせよう。
他人の半分の努力量なのに、
他人の倍以上のスピードで成長した分野で勝負せよ。

017

29歳までに
知っておきたかった
「仕事のルール」

2度続けて
無断遅刻した相手は、
金銭トラブルも多い。

世の中には関わってはいけない人間もいる。
2度続けて無断遅刻するような相手とは、直ちに絶縁しよう。
その種の人間は、必ずお金の振り込みも遅れるから、
金銭トラブルが絶えない。
つまり、あなたもそれに巻き込まれる可能性が飛躍的に高まるということだ。
「遅刻にうるさい人は仕事ができない」とは、ペテン師の常套句《じょうとうく》である。

018

29歳までに
知っておきたかった
「仕事のルール」

信頼とは、口約束を死守することだ。

信頼を築けないと、ビジネスの世界では絶対に成功できない。
信用には担保が必要だが、信頼は無担保の顔パスだ。
どうしたらビジネスの世界で顔パスになれるのか。
口約束を死守することである。
誰もが守る紙約束ではなく、口約束を守ってこそ、あなたは突出できるのだ。

019

29歳までに
知っておきたかった
「仕事のルール」

依頼主の期待を
1%超え続けるのが、
マーケティングの頂点。

「新聞広告はもうダメだ」

「バナー広告は下品だからイメージダウンにつながる」

そんな声が聞こえるようになって、すでに久しい。

いずれもマーケティングの本質から大きく外れている。

この世で最強のマーケティングとは、

今、目の前の仕事で依頼主を感動させることだ。

依頼主の期待を1％超え続けると、リピートと紹介があふれるようになる。

020

本当に丁寧な人は、仕事も速い。

仕事が丁寧な人は、仕事が遅いのが当たり前だろうか。
そんなことはない。
料理人でも、心臓外科医でも、
本当に丁寧な人は、例外なく仕事が速いものだ。
丁寧さと速さは、矛盾するものではなく、一体化させるものである。
あなたの仕事が遅いのは、丁寧だからではなく、単に愚鈍だからだ。

Part 3

29歳までに知っておきたかった
「勉強のルール」

STUDY

021

29歳までに
知っておきたかった
「勉強のルール」

本を読まない人は、字が読めない赤子と同じ。

これまで読書を否定する人々と何千人か出逢《であ》った。
彼ら彼女らの共通点は、
歳《とし》を重ねるごとに無知蒙昧《もうまい》さが毛穴からにじみ出ていたことだ。
彼ら彼女らの口癖はこうだった。
「本から学ぶのではなく、経験から学ぶのだ！」
彼ら彼女らのような、しがない人間の経験など、
たかが知れているというものだ。

022

29歳までに
知っておきたかった
「勉強のルール」

英語を話すための勉強と受験英語では勉強法は違う。

なぜ、高学歴で頭の良い人でも英語を話せない人が多いのか。
その理由は、たった一つである。
高学歴は受験英語の延長で英語が話せるようになると思っているからだ。
英語を話すためには、受験英語とは違った勉強をしなければならない。
そして、それは受験英語よりも、
あきれるほどに知性を必要としないのである。

023

選ばれし理系こそ、文系の勉強を独学でやっておけ。

人文科学という言葉もあるように、基本的に学問はすべて科学である。
文学も科学なのだ。
ところで、日本だと工学部や理学部出身の人は文系の勉強に疎いことが多い。
せっかく選ばれし理系なのだから、
文系の勉強くらい独学でマスターすべきだ。
そうしないと、世界で活躍する際に、キモヲタと認定されちゃうぞ。

024

29歳までに
知っておきたかった
「勉強のルール」

哲学をやっておくと、一流の世界に入りやすい。

日本だと、哲学は最も不人気な学問かもしれない。
しかし、世界では哲学を知らないと真正のバカと思われるから要注意だ。
哲学は暗い学問でもなければ、役に立たないものでもない。
すべての学問の礎になる「疑う力」が哲学なのだ。
ちなみに、「保守」の本来の意味は、「人間の理性を疑うこと」である。

025

29歳までに
知っておきたかった
「勉強のルール」

真剣に学びたければ、同じ分野の本を30冊読む。

初期の頃は乱読もいい。
私も大学時代に死ぬほど乱読をしたものだ。
しかし、ある分野を真剣に学びたければ、
とりあえず、その分野の本を30冊読もう。
そうすれば、その道の専門家に
気の利いた質問ができるくらいのレベルにはなる。
30冊読んでから行動に移すと、成功率が飛躍的に高まるだろう。

026

語彙力を増やしたければ、小説を読もう。

漫画は楽しいし、ビジネス書や自己啓発書も好きなだけ読めばいい。
しかし、小説も読もう。
特に直木賞《なおきしょう》受賞作にはハズレがない。
小説を読むことで確実に増えるのは、語彙力である。
わからない語彙は書き出して日々復習すれば、
すさまじい語彙力が習得できるだろう。

027

29歳までに
知っておきたかった
「勉強のルール」

世界情勢を
理解したければ、
中学の社会を復習せよ。

ネットニュースでスポーツや芸能関係ばかりチェックしてはいないだろうか。
あるいは、不幸な事件を知って
自分がいかに幸せなのかを確認してはいないだろうか。
どうせなら、世界情勢を知ろう。
そのためには、中学の地理・歴史・公民を復習することだ。
たったそれだけで、あなたの情報収集能力が一気に高まることをお約束する。

028

数字に弱い人は、中学受験の算数を学び直せ。

数字に弱い人や数学コンプレックスの人はとても多い。
だが、苦手だと思い続けているだけでは、何も人生は変わらない。
数字に弱い人は、中学受験の算数を学習参考書で学び直せばいい。
偏差値的に中程度の中学入試の算数が解けるようになれば十分だ。
たったそれだけで、あなたの頭脳は確実に明晰《めいせき》になる。

029

29歳までに
知っておきたかった
「勉強のルール」

国語力を根本的に
伸ばしたければ、
中学受験の国語を
学び直せ。

中学受験の国語とは、すなわち小学生用の国語のことだ。
背伸びせずに、わかりやすい教材で漢字・諺《ことわざ》・慣用句も学ぼう。
そして、国語とはフィーリングではなく、
算数と同じく論理の学問だと知るのだ。
論理で解けない問題は国語の試験では出題されない。
国語ができるようになると、すべての勉強がはかどるようになる。

030

29歳までに
知っておきたかった
「勉強のルール」

上流階級に
入りたければ、
29歳までに
早慶旧帝大以上に
滑り込め。

最近はネット上で有名人を含む再受験の話題が盛り上がるようになっている。
それだけ学歴の話題は人間の根幹に関わるので、
センセーショナルなのだろう。
もし、あなたが将来、上流階級に入りたければ、
早慶旧帝大以上に滑り込むことだ。
タイムリミットは29歳までだ。
一般学部なら33歳、医学部医学科なら35歳で卒業できるから、まだまだ若い。

Part 4

29歳までに知っておきたかった
「お金のルール」

MONEY

031

29歳までに
知っておきたかった
「お金のルール」

お金を
どれだけ稼いでも、
偉くはなれない。

ひょっとしたら、あなたも薄々気づいているかもしれないことを一つ。
お金をどれだけ稼いでも、本音では尊敬されないし、偉くはなれない。
イーロン・マスクやジェフ・ベゾスが偉いのは、学歴があるからだ。
ユニクロの柳井正《やないただし》氏も楽天《らくてん》の三木谷浩史《みきたにひろし》氏も、ちゃんとした学歴がある。
世の中には上流のお金持ちと下流のお金持ちがいるという現実を知ろう。

032

29歳までに
知っておきたかった
「お金のルール」

お金の流れは
必ず「出→入」。
使い方が上手《うま》い人は
複利で返ってくる。

お金をたくさん手に入れたければ、まずは使うことだ。
人は一番道楽した分野を仕事にすることに成功すれば、お金持ちになれる。
私は大学時代に本代に1000万円使った。
そうしたら、本の印税で5億円稼がせてもらえるようになった。
上手《じょうず》に投資すれば、お金はちゃんと複利で返ってくるのだ。

033

年収という発想を捨ててみる。

私は経営コンサルタント時代に
3000人以上のエグゼクティブと対話してきた。
彼ら彼女らの共通点は、年収という発想がなかったということだ。
先に生涯賃金を稼いでおけば、もうガツガツしなくてもよくなる。
生活のためではなく、
好きなことや、やりがいのあることだけをすればいいからだ。
私はもう、かれこれ10年以上、年収という発想がなくなってしまった。

034

「稼ぐ」が
口癖の人は、
四流。

会社員時代から不思議に思っていたことがある。
「稼ぐ」が口癖の人には、全然稼げない四流が多いということだ。
「稼ぐ」という言葉の響きが卑しいし、
その卑しい顔でお客様に嫌われるのだろう。
本当に持っている人は、持っているとは言わない。
本当に稼いでいる人は、稼いでいるとは言わない。

035

お金を増やしたければ、投資よりビジネス。

なぜ、国や金融機関はこぞって国民に投資をさせたがるのか。
もちろん、国民のためを思ってではない。
自分たちが得をするからであり、
自己責任という名の責任転嫁をして逃げるためだ。
年利5%でお金をちまちま増やすより、
ビジネスでドカン！　と稼いだほうがいい。
世界の大富豪の大半は、投資家ではなく、ビジネスオーナーである。

036

使われている者は、
100%買いたたかれて
いると知る。

アルバイトだろうが、会社員だろうが、使われているという意味では同じだ。
使われているという人間は、例外なく買いたたかれている。
以上は、善悪の問題ではなく、ありのままの事実だ。
あなたが赤字スタッフであれば、組織は将来、あなたを必ず切る。
あなたが黒字スタッフであれば、あなたは損だから会社を辞めるべきである。

037

あなたの経済力は、
普段あなたの隣にいる
顔ぶれで決まる。

あなたが年収400万円だとしよう。
普段あなたの隣にいる顔ぶれを思い出してみると、
やっぱり年収400万円のはずだ。
年収400万円の隣に年収1500万円や年収1億円は座らない。
いずれも、居心地が悪いからだ。
経済力を上げたければ、隣にいる顔ぶれを変える以外に方法はない。

038

29歳までに
知っておきたかった
「お金のルール」

保険は
すべてネット経由の
掛け捨てにする。

悪いことは言わない。
保険は人を介して入るのではなく、例外なくネット経由で入るべし。
人を介して入るのと比べると、腰を抜かすほど保険料が安くなる。
何のことはない、人を介して保険に入ってしまうと、
販売手数料が上乗せされるのだ。
彼らは保険の専門家ではなく、あなたから保険料を巻き上げる専門家である。

039

29歳までに
知っておきたかった
「お金のルール」

銀行とは〝無料貸金庫〟以外の付き合いをしない。

銀行から投資信託の勧誘を受けたら、即断るべきだ。
銀行から資産運用の勧誘を受けたら、即断るべきだ。
銀行は、それらを他社に丸投げするだけで手数料を貪っている。
なるべく銀行の店舗には足を踏み入れず、極力ネットで済ませるべきだ。
銀行は〝無料貸金庫〟と考えて、
絶対にATMで手数料を引かれないようにしよう。

040

29歳までに
知っておきたかった
「お金のルール」

見えないものに
お金を使うと、
ますますお金が増える。

お金を増やしたければ、最初から自動車や家で贅沢《ぜいたく》をしないことだ。
目に見えるものではなく、見えないものにお金を使うと、お金は増えやすい。
たとえば、教養がそうだろう。
本・映画・音楽・美術館などにお金を使うと、巡り巡って経済力につながる。
甘い蜜に蟻《あり》が群れるように、教養のある場所には人とお金が群れるからだ。

Part 5

29歳までに知っておきたかった
「友情のルール」

FRIENDSHIP

041

29歳までに
知っておきたかった
「友情のルール」

友情にも
賞味期限があると知る。

「私たち、ずっと友だちだよね？」

「俺たち、親友だよな？」

そう確認し合った関係は、まもなく終焉《しゅうえん》を迎えるだろう。

なぜなら、すべての人間関係には賞味期限があるからである。

もし、関係を長続きさせたければ、即《つ》かず離れずの距離感が極めて重要だ。

042

29歳までに
知っておきたかった
「友情のルール」

人生のステージが上がると、友人も変わる。

基本的に永遠の友情などないと知っておこう。
もしあるとすれば、
お互いにまるで成長しない地方のマイルドヤンキーくらいだ。
普通は誰かが突き抜けると、それ以外の友人は見捨てられる。
一切の綺麗事《きれいごと》を排除すると、無能な連中は足手まといになるからだ。
人生のステージが上がるということは、
隣にいる顔ぶれが変わるということである。

043

29歳までに
知っておきたかった
「友情のルール」

友人が
足を引っ張り始めたら、
あなたが
成功しかけている証拠。

最近、どうも友人が嫉妬深くなってきたとしたら、
残念ながら、もう修復不可能だ。
その友人は、あなたがこれから成功して遠くに行くことを察知している。
もちろん、あなたには、そんなことを教えてくれない。
ずっと気づかないで、
自分と一緒に四流の人生を歩んでもらいたがっているからだ。
友人が明らかに足を引っ張り始めたら、さっさと絶縁して成功してしまおう。

044

29歳までに
知っておきたかった
「友情のルール」

成功した友人が
会ってくれなくなったのは、
あなたが嫉妬したから。

成功した友人が、あなたと会ってくれなくなったのは、友人のせいではない。
あなたが友人に嫉妬したからである。
もちろん、あなたはそれを認めないし、身に覚えがないに違いない。
その愚鈍さが、成功した友人を遠ざけたのだ。
成功者は、あなたの微妙な表情・目の奥の輝き・相づちの打ち方から
すべてを洞察する。

045

29歳までに
知っておきたかった
「友情のルール」

親友とは、
マウンティング合戦を
しなくてもいい関係だ。

友人と親友の違いは何だろうか。
友人とは、マウンティング合戦をしてしまうが、親友とはしない。
親友は、お互いを認め合っており、お互い尊敬し合っている。
あなたがマウンティングをされたら、それは親友ではない。
あなたが、ついマウンティングをしてしまっても、それは親友ではない。

046

29歳までに
知っておきたかった
「友情のルール」

悪口の運び屋は、友人ではない。

「○○が、お前の悪口を言っていたぞ」
「○○ちゃんが、あなたのこと嫌いらしいわよ」
以上は、すべて絶縁すべき悪口の運び屋だ。
この世をおかしくしているのは、
悪口をせっせと運び続ける〝自称友人〟なのだ。
もし〝自称友人〟がいなければ、
悪口を言った人も、言われた人も救われたのだから。

047

29歳までに
知っておきたかった
「友情のルール」

親友と友人の違いは、
「……なのに
絶縁できない」
と思えるか否か。

「……だから好き」は恋であり、「……なのに好き」は愛だ。
「……だから絶縁できない」は友人であり、
「……なのに絶縁できない」は親友だ。
欠点のないことが親友の条件ではない。
欠点だらけだけど、それでも絶縁できないのが親友の条件なのだ。
意識的に作れるのが友人であり、意識しても作れないのが親友とも言える。

048

29歳までに
知っておきたかった
「友情のルール」

面と向かって褒める相手は、あなたを見下している。

あなたは褒められたがり屋さんだろうか。
「私、褒められて伸びるタイプです！」と言うのに、ろくなのはいない。
褒めるという行為は、格上が格下にやる行為だ。
褒められたい人は、自ら奴隷志願者となっていることに気づこう。
もし、面と向かってあなたを褒めてくる相手がいたら、
あなたは見下されているのだ。

049

29歳までに
知っておきたかった
「友情のルール」

『色彩を持たない
多崎《たざき》つくると、
彼の巡礼の年』
を読んでおく。

これは、私が村上春樹《むらかみはるき》氏の短編小説「納屋を焼く」と並んで好きな作品だ。
長編小説だが、私は哲学書として堪能させてもらった。
友情で悩んだら、いや、悩む前でもいいから、
一読しておくことをオススメしたい。
三角関係ならぬ五角関係で完璧なバランスを保っていた人間関係が、
ある日、崩壊する。
大切な人に裏切られて死を考えたことがある人なら、
きっと深く味わえるはずだ。

050

29歳までに
知っておきたかった
「友情のルール」

結局、親友は要らない。

親友は作ろうと思って作れるものではない。
つまり、最初から期待してできるものではないのだから、
親友は要らないと考えよう。
できちゃったら儲《もう》けものだけど、
原則できないと考えて、人生を謳歌《おうか》すべし。
もともと、人は一人で生まれて独りで死んでいく。
それなら、自分という親友がいれば、それでいいじゃないか。

Part 6

29歳までに知っておきたかった
「転職のルール」

CAREER

051

29歳までに
知っておきたかった
「転職のルール」

90%の凡人にとって、
転職とは
キャリアダウンのことだ。

転職してキャリアアップできるのは、数%の例外だと考えよう。
90%以上の凡人の転職は、実質的にキャリアダウンを意味する。
これは、いくら強調しても足りないくらい大切なことだ。
給料は下がり、会社の格も下がるけど、
それでも転職したい人だけが転職すればいい。
「……にもかかわらず」転職をした人だけが、幸せをつかむのだ。

052

29歳までに
知っておきたかった
「転職のルール」

理不尽な仕打ちを
2度続けて受けたら、
さっさと転職せよ。

上司や同僚から理不尽な仕打ちを2度続けて受けたら、
1秒も我慢してはいけない。
場合によっては、裁判沙汰にして、
気の済むまで復讐を果たしてもいいだろう。
あるいは、成功して圧倒的実力で完膚なきまでに打ちのめしてもいいだろう。
つべこべ言わず、
あなたにふさわしくない空間からは、さっさと飛び出すことだ。
退職手続きは代行サービスに丸投げすればノンストレスである。

053

転職の要は、「入学大学」と「年齢」。

あなたが転職エージェントと胸襟を開く関係になったら、訊いてみよう。
「転職の要は何ですか？」と。
私は上から3つの転職エージェントから、
同じことを聞き出すことに成功した。
少なくとも、水準以上の会社への転職の要は、「入学大学」と「年齢」だ。
それ以外は、どれもお手軽に獲得できるから、
信用に値しないとのことである。

054

29歳までに
知っておきたかった
「転職のルール」

人間関係で
転職した人は、
次の職場でも同じ
トラブルになりやすい。

転職のプロたちから教わった情報と、
これまでの私の1次情報を照合するとこうなる。
5年以内に2回以上、転職した人には性悪《しょうわる》が多かった。
つまり、あちこちで人間関係のトラブルになって転職しているのだ。
率直に申し上げて、〝プライドの高い落ちこぼれ〟である。
プライドの高い落ちこぼれは、
周囲に多大な迷惑をかけ続ける組織の悪性の細胞だ。

055

29歳までに
知っておきたかった
「転職のルール」

生え抜きの社員たちは、
転職者を
敵と見なしている。

転職を果たしたら、これだけは覚えておこう。
生え抜きの社員たちは、概して冴《さ》えない経歴の持ち主が多い。
そのため、あなたに対して、
内心ではメラメラと復讐心を燃やしているものだ。
それが毛穴からにじみ出ているのを察知して、
嫉妬対策を怠らないようにしよう。
その組織のボリュームゾーンよりも学歴が高いというだけで、
転職者は犯罪者扱いだ。

056

29歳までに
知っておきたかった
「転職のルール」

転職しても、複数の転職エージェントに登録しておこう。

無事転職を果たしても、
引き続き複数の転職エージェントとの関係を切ってはいけない。
なぜなら、常に逃げ道を作っておくことで、
精神的に優位に立てるからである。
これは、とても大切なことだ。
「いざとなったら、自分には別の道がある」と思えれば、
どんな逆境も怖くない。
私が会社員時代には、
複数の転職エージェントに年に何度か顔を出していたものだ。

057

29歳までに
知っておきたかった
「転職のルール」

訊かれてもいないのに、
前職の話をしない。

一番やってはいけないのは、
特に格下の組織に転職した際に前職の話をすることだ。
百歩譲って、相手から執拗《しつよう》に訊かれた場合は仕方がないだろう。
ただし、その場合も最小限に抑えておくことだ。
相手は前職の話題のすべてを自慢と見なし、
すぐにあなたの悪口を拡散するだろう。
訊かれてもいないのに前職の話をするのは、
今の自分に自信がない証拠なのだ。

058

29歳までに
知っておきたかった
「転職のルール」

役職が
確実に上回るまでは、
笑っちゃうくらい
謙虚な姿勢を貫く。

転職先では、とにかく嫉妬対策があなたの将来を決める。
嫉妬されたら最後、あなたの出世は閉ざされて追い出されるだろう。
会社という村社会で、余所者《よそもの》とはそういう扱いを受けるものだ。
嫉妬対策としては、とにかく笑っちゃうくらい
謙虚な姿勢を貫くといいだろう。
私も出世するまでは、笑っちゃうくらい
謙虚な姿勢を演じ続けて、それを結構楽しんだ。

059

29歳までに
知っておきたかった
「転職のルール」

これからは定年まで会社に居座る人材こそ、希少価値が出てくる。

猫も杓子《しゃくし》も転職するようになって久しいが、
だからこそ、あえて述べておこう。
これからは、むしろ定年まで会社に居座る人材こそ見直されるだろう。
どんな仕打ちを受けても窓際で居座るあの厚かましさは、
むしろ〝強さ〟なのだ。
いや、別に会社の社長を目指してもいいし、
部長になれれば御の字と考えてもいい。
一つの会社で定年までずっとい続けられる相手を、私は信用する。

060

29歳までに
知っておきたかった
「転職のルール」

転職先がなくなったら、フリーになるチャンスだ。

この先、あなたが転職のしすぎで、もう転職先がなくなったとしよう。
冗談ではなく、そうした人がこれからは増えてくるし、スタンダードになる。
その場合は、フリーになるチャンスだと考えればいい。
今はどんなに無名な人でも、ネットで配信さえすれば世界中とつながれる。
ここだけの話、会社員として生きるよりも、
フリーで生きるほうが難易度も低い。

Part 7

29歳までに知っておきたかった
「成功のルール」

SUCCESS

061

29歳までに
知っておきたかった
「成功のルール」

「何で、こんな雑魚に
頭を下げなくちゃ
いけないの？」
と思ったら、独立せよ。

人は自分よりも格下の遺伝子の相手に頭を下げると、魂が穢《けが》れる。

誰も教えてくれないが、成功者たちが独立した胸の内はこうだ。

「何で、こんな雑魚に頭を下げなくちゃいけないの？」

私も雑魚に頭を下げるのに疲れた。

だから、会社員も辞めたし、経営コンサルタントも辞めたのである。

062

29歳までに
知っておきたかった
「成功のルール」

セレンディピティーを活《い》かせ。

成功するためには、偶然の力を活かすことが不可欠だ。
今日の私があるのも、偶然の力を活かした結果である。
では、どうすれば偶然を味方にできるのか。
生理的に受け付けないものを除いて、とりあえずやってみることだろう。
〝数撃てば当たる〟というのは、
いい加減なようで、最も大切な成功の秘訣《ひけつ》なのだ。

お金があっても
嫌いな人に
囲まれていたら、
それは成功ではない。

お金持ちでも、成功しているようには見えない人がいるのは、なぜだろう。
それは、しかめ面をしているからだ。
なぜ、しかめ面をしているのかと言えば、
いつも嫌いな人たちに囲まれているからだ。
お金があって幸せなのは、好きな人たちに囲まれている場合に限られる。
お金もあり、好きな人にも囲まれていたら、それが極上の人生だ。

064

29歳までに
知っておきたかった
「成功のルール」

自分で
嫌いなことをしなければ
ならないなら、
それは成功ではない。

本当は医師になりたくないのに、医師になったらどうなるのだろう。
毎日が地獄の人生で、生きるのが嫌になる。
本当は弁護士になりたくないのに、弁護士になったらどうなるのだろう。
毎日起きるのが嫌で仕方がなくて、鬱になる。
間違って嫌なことで成功してしまうと、毎日が地獄の人生になるのだ。

065

29歳までに
知っておきたかった
「成功のルール」

才能のある敵は
潰すのではなく、
大切にしておく。

あなたが「こいつには絶対にかなわない」と直感した相手には、
永遠に勝てない。
特に、その天才が年下の場合は要注意だ。
あなたが嫉妬しようが邪魔をしようが、
必ずその天才は将来、世に出るからである。
相手は、あなたが嫉妬して邪魔をしてきた恨みを生涯忘れないものだ。
つまり、あなたの成功は絶望的になる。

066

29歳までに
知っておきたかった
「成功のルール」

「若造のくせに生意気だ！」を翻訳すると、「私の完敗だ！」

あなたは、「若造のくせに生意気だ！」と
老害連中から言われたことがあるだろうか。
もし、一度も言われたことがないなら、あなたは成功できない。
なぜなら、才能の欠片《かけら》もないからである。
そのままおとなしく、ヒツジのように群れて
騒いで死んでいく人生がお似合いだ。
老害連中というのは、才能の前では過剰反応するリトマス試験紙だから。

067

29歳までに
知っておきたかった
「成功のルール」

成功者との雑談は、
すべて
オーディションである。

自分はまだ若いからと、
お手軽に成功者に会ってばかりいると、未来を閉ざす。
なぜなら、成功者との雑談は、
例外なくすべてがオーディションだからである。
オーディションに落ちると、
その成功者とは二度と会ってもらえないだけではない。
その成功者の周囲の人脈もすべてを失う。
成功者たちは、裏ですべてつながっていることを知っておくといい。

068

29歳までに
知っておきたかった
「成功のルール」

「当たり前のことを
当たり前にすれば
成功できる」
は、嘘。

特に凡人で四流の成功を収めた人が、しばしばこう言って悦に入る。

「当たり前のことを当たり前にしなさい。そうすれば成功できるから」

それは四流の世界だから成功できたのであって、
一流の世界では到底通用しない。

一流の世界で成功を収めた人は、こう言う。

「当たり前のことは誰かに任せなさい。あなたは為《な》すべきことを為しなさい」

069

29歳までに
知っておきたかった
「成功のルール」

自分と学歴・風貌・性格が似た成功者の真似《まね》をせよ。

低学歴が高学歴の成功者の真似をしても、成功できない。
〝醜い〟人が〝美しい〟成功者の真似をしても、成功できない。
ネクラがネアカの成功者の真似をしても、成功できない。
低学歴には低学歴の、〝醜い〟人には〝醜い〟人の、ネクラにはネクラの
成功方法があるからだ。
成功者とは、勇気を出して事実を受容した人である。

070

29歳までに
知っておきたかった
「成功のルール」

孤独に耐えられない人は
成功できない。

巨大組織のオーナーは、誰もが例外なく孤独だ。
私たち職業作家も、誰もが例外なく孤独だ。
仮に彼ら彼女らが連日、パーティー三昧の人生を送っていたとしても
孤独なのだ。
人は孤独でなければ、自分と対話できないし、天の声も聴こえない。
天の声を聴いた人だけが、成功できるのだから。

Part 8

29歳までに知っておきたかった
「情報のルール」

INFORMATION

071

29歳までに
知っておきたかった
「情報のルール」

悪い情報は、一瞬で広まる。

流行病が瞬く間に広まるように、悪いものが行き渡るのは、概して早い。
アヘンや邪悪な思想も、あっという間に浸透しやすいのは、そのためだ。
一方で善いものが行き渡るのは、概して遅い。
味わい深い芸術作品や高尚な哲学が浸透するには
何世紀もかかるのは、そのためだ。
SNS（ソーシャル・ネットワーキング・サービス）でも、
邪悪なものは一瞬で広まる。

072

29歳までに
知っておきたかった
「情報のルール」

質の高い情報を
発信する人には、
質の高い情報が集まる。

あなたが質の高い情報を集めたければ、方法は一つだ。
自分から質の高い情報を発信すればいい。
そうすれば、必ず質の高い情報が殺到するようになる。
私も本を出すようになってから、
信じられないような情報が集まるようになった。
SNSで大切なのは、フォロワー数ではなく、
フォロワーの平均年収と学歴だ。

073

29歳までに
知っておきたかった
「情報のルール」

ムッとしても、
深呼吸して
1分間は返信しない。

SNSで罵り合いをしている連中がいる。
SNSがきっかけで、これまで親しかった人たちが絶縁する例も、
あとを絶たない。
SNSで負のスパイラルに巻き込まれない方法はこうだ。
どんなにムッとしても、
深呼吸をして、最低でも1分間は返信をしないことである。
たったこれだけの習慣で、最悪の事態は免れるだろう。

074

29歳までに
知っておきたかった
「情報のルール」

SNS村の村人には
ならないようにする。

SNSは、まさに日本らしい「村社会」の再来だ。
村社会の特徴は村八分《むらはちぶ》である。
自分たちの価値観を強要し、
それに従わない者を排斥しようと躍起になるのだ。
村社会の村人である以上、あなたが成功することは、断じて許されない。
いつでも村から脱出できる実力を蓄えながら、
即《つ》かず離れず、飄々《ひょうひょう》と生きよう。

075

29歳までに
知っておきたかった
「情報のルール」

SNS村のカリスマの本は驚くほど売れない。

すでにカリスマ本人たちも告白しているように、
ネットとリアルの成功者は格が違う。
どちらが上で、どちらが下という問題ではない、
という建前を述べるつもりはない。
ネットが格下で、リアルが格上だ。
なぜなら、ネットは歩合制のセールスと同じで、
入り口の難易度が低いからである。
きちんとしたハードルを越えた人しか扉に入れない
リアルの成功者は偉いのだ。

076

29歳までに
知っておきたかった
「情報のルール」

炎上に
卑しく
便乗しない。

ＳＮＳでは、もはや炎上はイベントの一種になった。
あなたも炎上に関わったことがあるかもしれない。
炎上では、炎上させた本人よりも、
炎上に便乗する大衆の卑しさを観察しよう。
あの醜く便乗する底辺中の底辺たちに、どうやってお金を払わせるのか。
それを考えるのが、利口な人間である。

077

29歳までに
知っておきたかった
「情報のルール」

炎上しても、
インチキ謝罪をしない。

炎上させたカリスマが謝罪する姿は、もう飽きた。
インチキ謝罪をするくらいなら、いっそのこと開き直って謝罪拒否すべきだ。
炎上は別に違法でも何でもないし、弱者に媚《こ》びて喜ばせる必要は毛頭ない。
かつて海外の某政治家が不倫をリークされた際に、
インタビューで平然とこう言った。
「それが何か?」

078

29歳までに
知っておきたかった
「情報のルール」

SNSにこそ、その人の本性が露呈する。

素晴らしい仕事をした人が、
SNSで驚くべき醜態をさらすことも珍しくない。
「あんなに素晴らしい小説を書くのに、真正のバカだったのか……」
と愕然《がくぜん》とする。
SNSにこそ、あなたの本性が露呈するのであり、
世間はそれを見ているのだ。
専門外のことを語る自称エリートは痛々しい。
低学歴なお金持ちがエリートぶって政治経済を語るのは、もっと痛々しいが。

079

29歳までに
知っておきたかった
「情報のルール」

人のふり見て我がふり直せ。

ＳＮＳで一番勉強になるのは、身の程をわきまえない人たちの観察だろう。
四半世紀前では考えられなかった雑魚まで天下国家を語っている。
こんなに面白い現象があるだろうか。
あるはずがない。
ＳＮＳは「こうなったら、人間はもうおしまいだな」
というサンプルに満ち満ちている。

080

29歳までに
知っておきたかった
「情報のルール」

それでも発信者になったほうがいい。

ＳＮＳが素晴らしいのは、
すべての人が生きた痕跡を刻めるようになったことだ。
今後、墓も葬式も不要になる時代が到来するだろうが、
ＳＮＳには生きた証《あか》しが残る。
どんなに些《さ》細《さい》なことでもいいから、発信者になって刻んだほうがいい。
その言葉が巡り巡って、どこかの誰かに影響を与えるかもしれないのだ。
今、あなたが何かのご縁でこの文章を読んでいるように。

Part 9

29歳までに知っておきたかった
「健康のルール」

HEALTH

081

29歳までに
知っておきたかった
「健康のルール」

20代で
ジャンクフードを
食べ続けると、
30歳から
急激に老け込む。

あなたの身体《からだ》は、あなたが食べたものでできているというのは、
ご存じの通りだ。
より厳密には、過去10年間で食べたものの集大成が、今のあなたである。
20代でジャンクフード漬けになっていると、
30歳からジャンクフード顔になるのだ。
30歳でジャンクフード顔になった人は、40歳以降からどんどん妖怪に近づく。
上流階級の人々の肌が美しいのは、ジャンクフードを食べないからである。

082

29歳までに
知っておきたかった
「健康のルール」

ズル休みしてでも、睡眠を確保せよ。

いくら豊富な栄養をしっかり摂取しても、睡眠不足だとすべてが水泡に帰す。
睡眠というのは、すべての頂点に立つほど重要なものだ。
学校や会社をズル休みしてでも睡眠を確保しないと、
罰が当たって死んでしまう。
私が会社員時代に真っ先にやったことは、
昼寝をするための隠れ家探しだった。
喫茶店やサウナもいいが、地下鉄に乗って揺られながらの昼寝は最高だ。

083

29歳までに
知っておきたかった
「健康のルール」

毎日自分の体重と同じグラムのタンパク質を摂取せよ。

体重が60kgなら60gのタンパク質を毎日摂取すると、
人生は悪いようにはならない。
やや激しめの運動をする習慣がある人なら、
その2倍のタンパク質を摂取しておこう。
それが、あなたにとって将来、最高のアンチエイジングになるから。
実は筋肉や皮膚だけではなく、脳もタンパク質が主成分なのだ。
食事だけでは不足するから、プロテインパウダーを飲めば、
それが最高の投資になる。

084

29歳までに
知っておきたかった
「健康のルール」

29歳までに運動の習慣をつけておかないと、30歳以降が悲惨。

あなたの周囲にも、30歳から
がん・脳卒中・糖尿病になる人がチラホラ登場し始める。
そんなのは他人事《ひとごと》だと思っていると、自分がそうなるのが病気の特徴だ。
健康に「自分だけは特別」ということはないのである。
ウォーキングを中心に、自分に合った適度な運動を習慣にしておくことだ。
普段から脳を酷使していると、放っておいても運動をしたくなるものだが。

085

29歳までに
知っておきたかった
「健康のルール」

自室で毎日1分間、足踏み運動するだけで寿命が延びる。

別に器具を購入する必要はない。
兵隊が行進をするように、
自室で腕を元気に振りながら、その場で足踏みをしよう。
毎日1分間、それを習慣にするだけでも、運動不足がかなり解消される。
一度やってみればわかるが、目がパッチリ覚めて、脳もフル回転するだろう。
運動が続かない人は、運動が苦手なのに、激しく頑張ってしまう人だ。

086

29歳までに
知っておきたかった
「健康のルール」

食欲・性欲・スポーツは、淫してはいけない。

食べるのは楽しいが、暴飲暴食は寿命を縮める。
セックスは楽しいが、常軌を逸するセックス三昧は、心身ともに異常をきたす。
スポーツは楽しいが、スポーツだけしか取りえがないと、粗暴になりやすい。
身体に良いものを過剰摂取すると、身体を破壊する。
過剰は不足より罪が重い。

087

29歳までに
知っておきたかった
「健康のルール」

30回嚙《か》んで
飲み込むのを
習慣にすると、
見違えるように
肌が美しくなる。

アトピー治療をしている人が、この習慣を付加すると、
人生が変わるかもしれない。
それは、必ず30回嚙んでから飲み込む習慣にすることだ。
温泉療法やルイボスティーも悪くないが、
この習慣がなければ、すべてが水泡に帰す。
換言すれば、この習慣さえあれば、何をやっても効きやすくなるのだ。
もちろん、アトピーではない人も、
この習慣にするだけで、肌が美しくなるだろう。

088

29歳までに
知っておきたかった
「健康のルール」

健康維持のための筋トレは、腕立て・腹筋・スクワット1セットだけでOK！

筋トレをしっかりやったことがある人は、
3セットや5セットと同じ運動を繰り返す。
でも、健康維持のために筋トレをするなら、全部1セットで終わらせよう。
そのほうが継続できるし、時間も節約できるから。
私も腕立て・腹筋・スクワットは、すべて1セットで終わらせている。
ストレッチも入れて10分もかからないから、
歯磨きと同列の人生の習慣になった。

089

29歳までに
知っておきたかった
「健康のルール」

心の底から
食べたいものは、
あなたの身体に
必要なもの。

あなたが無性にパスタやラーメンが食べたくなったとしよう。
無理をしないで食べればいい。
それは身体が炭水化物や塩分を欲しているからだ。
これはスイーツも同じである。
スイーツは身体に悪いからという理由で我慢すると、
そのストレスが身体に悪い。

090

29歳までに
知っておきたかった
「健康のルール」

寝る前3時間以内に
水分以外を
摂取しないと、
目覚めがすこぶる
快適になる。

寝る前には空腹になりやすい。
寝る前の空腹に耐えられずにドカ食いすると、その瞬間は満足するだろう。
ところが、寝起きがすこぶる悪くなるのだ。
20代でこれを習慣にしていると、
30歳以降で逆流性食道炎、食道がんになりやすい。
寝る前の空腹に耐え抜いた者だけに与えられる神の恵みは、
目覚めの快適さだ。

Part 10

29歳までに知っておきたかった
「人生のルール」

LIFE

091

29歳までに
知っておきたかった
「人生のルール」

努力が
報われることなんて
ほとんどない。

一度、深呼吸をして、脈を整えてから読んでもらいたい。
人生では努力が報われることなんて、ほとんどないものだ。
それは、なぜか。
努力で報われることではなく、
努力しなくてもできることで貢献するためである。
体力のある者は体力で、知恵のある者は知恵で、
美しき者は美しさで貢献せよ。

092

29歳までに
知っておきたかった
「人生のルール」

幸せになるコツは、心のコンパスに従うこと。

私は東京ディズニーシーの
シンドバッド・ストーリーブック・ヴォヤッジが好きだ。
行くたびに最低5回は乗らないと落ち着かない。
特に「心のコンパス」という言葉が好きで、
これぞ人生の本質を教えてくれている。
迷ったら深呼吸して、あなたの胸に手を当て、心の声に身を委ねよう。
本当に、ただそれだけで、人生は好転するのだから。

093

29歳までに
知っておきたかった
「人生のルール」

善悪なんて、
とてもいい加減なもの
だと知る。

この世で最も信用してはならないのが、善悪を盾に威張ってくる人間である。
警備員の誘導棒や警察官の制服と同様に、
弱者にとって善悪は格好のマウンティングだ。
善悪は幼児が言っても、平社員が言っても、大統領が言っても正しい。
つまり、退屈極まりない弱者の自慰行為に、
強者が付き合わされているだけなのだ。
善悪は、その時代の多数決で何となく決まっただけの、
大衆の気分の集大成である。

094

29歳までに
知っておきたかった
「人生のルール」

運を良くしたければ、
群れないこと。

人生で最も大切なものは運だろう。
運がなければ、他がどれだけ優れていても、絶対に幸せにはなれないからだ。
その大切な運を良くする方法は一つしかない。
今すぐ群れから飛び出して、自分の得意分野を伸ばすことだ。
群れている間のあなたは、死んでいるのと同じである。

095

29歳までに
知っておきたかった
「人生のルール」

何もかも失った人は、
もうすぐ
大きなものが
入ってくる。

かつて「片付けブーム」が流行《はや》った。
片付けると、そこに幸運が舞い込むというのが、
それらの教えの共通点である。
そして、それは完璧に正しい。
部屋に限らず、あなたが人生で何もかも失ったとしよう。
ふてくされさえしなければ、必ずそこに大きな幸運が舞い込む。

096

29歳までに
知っておきたかった
「人生のルール」

「明日から」だと、
夢がかなう
前日に死ぬぞ。

「明日から」が口癖の人には運の悪い人が多かった。
なぜなら、肝心の締め切りに、いつも僅差で間に合わなくなるからだ。
「明日から」が究極にたどり着くのは、夢がかなう前日に死ぬことだろう。
今日やることは今日やり、明日やることは明日やればいい。
今日やることを明日に延ばすなということである。

097

29歳までに
知っておきたかった
「人生のルール」

夢がかなう前夜の人は、愚痴・悪口・噂話《うわさばなし》をしない。

もうすぐ夢がかなう人には共通点がある。
愚痴・悪口・噂話をしなくなることだ。
あなたが愚痴・悪口・噂話をしている間は、夢がかなう人生とは無縁である。
その証拠に、あなたの隣に座っている連中は、
どいつもこいつも雑魚に違いない。
雑魚の周囲には、放っておいても雑魚が集まるものだ。

098

29歳までに
知っておきたかった
「人生のルール」

〝すごい人〟の噂話で
盛り上がる人は、
モブ男君・モブ子ちゃんで
ご臨終。

私は昔から口角泡を飛ばして
「どっちがすごいか合戦」をする人間が嫌いだった。
〝すごい人〟の噂話で盛り上がって、
自分まで偉くなったと勘違いしているからだ。
「傍ら痛し」とは、まさにこのことである。
そんなエネルギーがあれば、それで自分の得意分野を徹底的に伸ばすべきだ。
奇跡的に授かった寿命をドブに捨ててはいけない。

099

29歳までに
知っておきたかった
「人生のルール」

過去と未来を
変えたければ、
今、この瞬間を
変えることだ。

「過去と未来は変えられない」というのは嘘である。
あなたの今、この瞬間を変えることで、
あなたの過去と未来は変えられるのだ。
今を変えれば、世間のあなたに対する過去の解釈が変わり始める。
今を変えれば、あなたの未来が確実に変わり始める。
確かなのは、今、この瞬間、あなたが生きているということだけなのだ。

100

29歳までに
知っておきたかった
「人生のルール」

思えば、
29歳までに
人生のすべてが
詰まっていた。

30歳以降になって振り返ると、必ず気づかされることがある。
29歳までに起こらなかったことは、人生で一つもないということだ。
自分が気づかなかっただけで、
30歳以降に起こる片鱗が29歳までに詰まっていた。
30歳から老化が顕在化するという自然の摂理は、実に素晴らしい。
これからは、体力で誤魔化さずに、知恵で勝負しなさいという啓示である。

千田琢哉著作リスト

（2024年5月現在）


『たった2分で、怒りを乗り越える本。』

『たった2分で、自信を手に入れる本。』

『私たちの人生の目的は終わりなき成長である』

『たった2分で、勇気を取り戻す本。』

『今日が、人生最後の日だったら。』

『たった2分で、自分を超える本。』

『現状を破壊するには、「ぬるま湯」を飛び出さなければならない。』

『人生の勝負は、朝で決まる。』

『集中力を磨くと、人生に何が起こるのか？』

『大切なことは、「好き嫌い」で決めろ！』

『20代で身につけるべき「本当の教養」を教えよう。』

『残業ゼロで年収を上げたければ、まず「住むところ」を変えろ！』

『20代で知っておくべき「歴史の使い方」を教えよう。』

『「仕事が速い」から早く帰れるのではない。「早く帰る」から仕事が速くなるのだ。』

『20代で人生が開ける「最高の語彙力」を教えよう。』

『成功者を奮い立たせた本気の言葉』

『生き残るための、独学。』

『人生を変える、お金の使い方。』

『「無敵」のメンタル』

『根拠なき自信があふれ出す！「自己肯定感」が上がる100の言葉』

『いつまでも変われないのは、あなたが自分の「無知」を認めないからだ。』

『人生を切り拓く100の習慣』

【マンガ版】『人生の勝負は、朝で決まる。』

『どんな時代にも通用する「本物の努力」を教えよう。』

『「勉強」を「お金」に変える最強の法則50』

『決定版 人生を変える、お金の使い方。』

【ハンディ版 マンガ】『人生の勝負は、朝で決まる。』

KADOKAWA

『君の眠れる才能を呼び覚ます50の習慣』

『戦う君と読む33の言葉』

かや書房

『人生を大きく切り拓くチャンスに気がつく生き方』

アイバス出版

『一生トップで駆け抜けつづけるために20代で身につけたい勉強の技法』

『一生イノベーションを起こしつづけるビジネスパーソンになるために20代で身につけたい読書の技法』

『1日に10冊の本を読み3日で1冊の本を書く ボクのインプット&アウトプット法』

『お金の9割は意欲とセンスだ』

あさ出版

『この悲惨な世の中でくじけないために20代で大切にしたい80のこと』

『30代で逆転する人、失速する人』

『君にはもうそんなことをしている時間は残されていない』

『あの人と一緒にいられる時間はもうそんなに長くない』

『印税で1億円稼ぐ』

『年収1000万円に届く人、届かない人、超える人』

『いつだってマンガが人生の教科書だった』

『君が思うより人生は短い』

『作家になる方法』

朝日新聞出版

『人生は「童話」に学べ』

海竜社

『本音でシンプルに生きる！』

『誰よりもたくさん挑み、誰よりもたくさん負けろ！』

『一流の人生 人間性は仕事で磨け！』

『大好きなことで、食べていく方法を教えよう。』

Gakken

『たった2分で凹みから立ち直る本』

『たった2分で、決断できる。』

『たった2分で、やる気を上げる本。』

『たった2分で、道は開ける。』

『たった2分で、自分を変える本。』

『たった2分で、自分を磨く。』

『たった2分で、夢を叶える本。』

新日本保険新聞社

『勝つ保険代理店は、ここが違う！』

すばる舎

『今から、ふたりで「5年後のキミ」について話をしよう。』

『「どうせ変われない」とあなたが思うのは、「ありのままの自分」を受け容れたくないからだ』

星海社

『「やめること」からはじめなさい』
『「あたりまえ」からはじめなさい』
『「デキるふり」からはじめなさい』

青春出版社

『どこでも生きていける 100年つづく仕事の習慣』
『「今いる場所」で最高の成果が上げられる100の言葉』
『本気で勝ちたい人は やってはいけない』
『僕はこうして運を磨いてきた』
『「独学」で人生を変えた僕がいまの君に伝えたいこと』

清談社Publico

『一流の人が、他人の見ていない時にやっていること。』
『一流の人だけが知っている、他人には絶対に教えない この世界のルール。』
『一流の人が、他人に何を言われても やらなかったこと。』
『29歳までに知っておきたかった100の言葉』

総合法令出版

『20代のうちに知っておきたい お金のルール38』
『筋トレをする人は、なぜ、仕事で結果を出せるのか？』
『お金を稼ぐ人は、なぜ、筋トレをしているのか？』
『さあ、最高の旅に出かけよう』
『超一流は、なぜ、デスクがキレイなのか？』
『超一流は、なぜ、食事にこだわるのか？』
『超一流の謝り方』
『自分を変える 睡眠のルール』
『ムダの片づけ方』
『どんな問題も解決する すごい質問』
『成功する人は、なぜ、墓参りを欠かさないのか？』
『成功者は「今を生きる思考」をマスターしている』

かんき出版

『死ぬまで仕事に困らないために20代で出逢っておきたい100の言葉』
『人生を最高に楽しむために20代で使ってはいけない100の言葉』
『20代で群れから抜け出すために顰蹙を買っても口にしておきたい100の言葉』
『20代の心構えが奇跡を生む【CD付き】』

きこ書房

『20代で伸びる人、沈む人』
『伸びる30代は、20代の頃より叱られる』
『仕事で悩んでいるあなたへ 経営コンサルタントから50の回答』

技術評論社

『顧客が倍増する魔法のハガキ術』

KKベストセラーズ

『20代　仕事に躓いた時に読む本』
『チャンスを掴める人はここが違う』

廣済堂出版

『はじめて部下ができたときに読む本』
『「今」を変えるためにできること』
『「特別な人」と出逢うために』
『「不自由」からの脱出』
『もし君が、そのことについて悩んでいるのなら』
『その「ひと言」は、言ってはいけない』
『稼ぐ男の身のまわり』
『「振り回されない」ための60の方法』
『お金の法則』
『成功する人は、なぜ「自分が好き」なのか？』

実務教育出版

『ヒツジで終わる習慣、ライオンに変わる決断』

秀和システム

『将来の希望ゼロでもチカラがみなぎってくる63の気づき』

祥伝社

『「自分の名前」で勝負する方法を教えよう。』

『死ぬまでお金に困らない力が身につく25の稼ぐ本』
『世界に何が起こっても自分を生ききる25の決断本』
『10代で知っておきたい 本当に「頭が良くなる」ためにやるべきこと』

永岡書店

『就活で君を光らせる84の言葉』

ナナ・コーポレート・コミュニケーション

『15歳からはじめる成功哲学』

日本実業出版社

『「あなたから保険に入りたい」とお客様が殺到する保険代理店』
『社長!この「直言」が聴けますか?』
『こんなコンサルタントが会社をダメにする!』
『20代の勉強力で人生の伸びしろは決まる』
『ギリギリまで動けない君の背中を押す言葉』
『あなたが落ちぶれたとき手を差しのべてくれる人は、友人ではない。』
『新版 人生で大切なことは、すべて「書店」で買える。』

日本文芸社

『何となく20代を過ごしてしまった人が30代で変わるための100の言葉』

ぱる出版

『学校で教わらなかった20代の辞書』
『教科書に載っていなかった20代の哲学』
『30代から輝きたい人が、20代で身につけておきたい「大人の流儀」』
『不器用でも愛される「自分ブランド」を磨く50の言葉』
『人生って、それに早く気づいた者勝ちなんだ!』
『挫折を乗り越えた人だけが口癖にする言葉』
『常識を破る勇気が道をひらく』
『読書をお金に換える技術』
『人生って、早く夢中になった者勝ちなんだ!』
『人生を愉快にする! 超・ロジカル思考』
『こんな大人になりたい!』
『器の大きい人は、人の見ていない時に真価を発揮する。』
『成功する人は、なぜ、占いをするのか?』
『超一流は、なぜ、靴磨きを欠かさないのか?』
『超一流の「数字」の使い方』

SBクリエイティブ

『人生でいちばん差がつく20代に気づいておきたいたった1つのこと』
『本物の自信を手に入れるシンプルな生き方を教えよう。』

ダイヤモンド社

『出世の教科書』

大和書房

『20代のうちに会っておくべき35人のひと』
『30代で頭角を現す69の習慣』
『やめた人から成功する。』
『孤独になれば、道は拓ける。』
『人生を変える時間術』
『極 突破力』

宝島社

『死ぬまで悔いのない生き方をする45の言葉』
【共著】『20代でやっておきたい50の習慣』
『結局、仕事は気くばり』
『仕事がつらい時 元気になれる100の言葉』
『本を読んだ人だけがどんな時代も生き抜くことができる』
『本を読んだ人だけがどんな時代も稼ぐことができる』
『1秒で差がつく仕事の心得』
『仕事で「もうダメだ!」と思ったら最後に読む本』

ディスカヴァー・トゥエンティワン

『転職1年目の仕事術』

徳間書店

『一度、手に入れたら一生モノの幸運をつかむ50の習慣』
『想いがかなう、話し方』
『君は、奇跡を起こす準備ができているか。』
『非常識な休日が、人生を決める。』
『超一流のマインドフルネス』
『5秒ルール』
『人生を変えるアウトプット術』

千田琢哉

（せんだ・たくや）

愛知県生まれ。岐阜県各務原市育ち。文筆家。

東北大学教育学部教育学科卒。

日系損害保険会社本部、大手経営コンサルティング会社勤務を経て独立。コンサルティング会社では多くの業種業界におけるプロジェクトリーダーとして戦略策定からその実行支援に至るまで陣頭指揮を執る。

のべ3,300人のエグゼクティブと10,000人を超えるビジネスパーソンたちとの対話によって得た事実とそこで培った知恵を活かし、〝タブーへの挑戦で、次代を創る〟を自らのミッションとして執筆活動を行っている。著書は本書で180冊目。

音声ダウンロードサービス「真夜中の雑談」、完全書き下ろしPDFダウンロードサービス「千田琢哉レポート」も好評を博している。

PHP研究所

『「その他大勢のダメ社員」にならないために20代で知っておきたい100の言葉』

『お金と人を引き寄せる50の法則』

『人と比べないで生きていけ』

『たった1人との出逢いで人生が変わる人、10000人と出逢っても何も起きない人』

『友だちをつくるな』

『バカなのにできるやつ、賢いのにできないやつ』

『持たないヤツほど、成功する！』

『その他大勢から抜け出し、超一流になるために知っておくべきこと』

『図解「好きなこと」で夢をかなえる』

『仕事力をグーンと伸ばす20代の教科書』

『君のスキルは、お金になる』

『もう一度、仕事で会いたくなる人。』

『好きなことだけして生きていけ』

藤田聖人

『学校は負けに行く場所。』

『偏差値30からの企画塾』

『「このまま人生終わっちゃうの？」と諦めかけた時に向き合う本。』

マガジンハウス

『心を動かす 無敵の文章術』

マネジメント社

『継続的に売れるセールスパーソンの行動特性88』

『存続社長と潰す社長』

『尊敬される保険代理店』

三笠書房

『「大学時代」自分のために絶対やっておきたいこと』

『人は、恋愛でこそ磨かれる』

『仕事は好かれた分だけ、お金になる。』

『1万人との対話でわかった 人生が変わる100の口ぐせ』

『30歳になるまでに、「いい人」をやめなさい！』

リベラル社

『人生の9割は出逢いで決まる』

『「すぐやる」力で差をつけろ』

29歳《さい》までに知《し》っておきたかった100の言葉《ことば》
人生《じんせい》を決定《けってい》づける「この世界《せかい》の残酷《ざんこく》なルール」100

2024年5月15日　第1刷発行

著　者　千田琢哉《せんだたくや》

ブックデザイン　小口翔平＋畑中茜＋青山風音(tobufune)
DTP　江尻智行

発行人　畑 祐介
発行所　株式会社 清談社Publico
〒102-0073
東京都千代田区九段北1-2-2 グランドメゾン九段803
TEL:03-6265-6185　FAX:03-6265-6186

印刷所　中央精版印刷株式会社

ISBN 978-4-909979-62-9 C0030

清談社
Publico

https://seidansha.com/publico
X @seidansha_p
Facebook https://www.facebook.com/seidansha.publico

清談社
Publico

千田琢哉の好評既刊

一流の人が、他人に何を言われても
やらなかったこと。

人生の価値を決める「秘密の行動基準」40

あの人は、なぜ出世に興味がないのに稼ぎ続けられるのか？日々の仕事術、時間の使い方、お金の使い方、勉強術、人間関係術……著書累計350万部突破のベストセラー作家がその共通点を初公開。

ISBN978-4-909979-52-0　定価：本体 1300 円+税